£7.50

This book is shared by

_____

_____

_____

_____

_____

_____

For Nani, who told the best stories - N.A.
To Avik, Sharda, Venetia, Rohan, Sahil,
Athsham & Sunara - E.A.

This edition published 2002

First published 1999 by Mantra Publishing Ltd
5 Alexandra Grove, London N12 8NU

Printed in Italy

L'Eid de Samira
Samira's Eid

Nasreen Aktar

Illustrated by Enebor Attard

French translation by Annie Arnold

Mantra

C'était pendant Ramadan quand tout le monde jeûnait que les enfants faisaient leurs cartes.

"Celle-ci est pour Nani à l'hôpital," dit Samira en fermant l'enveloppe.

"Est-ce qu'elle ira mieux?" demanda Hassan.

"Oui, mais Eid ne sera pas le même sans elle."

It was during Ramadan, when everybody was fasting, that the children were busy making cards.

"This one's for Nani in hospital," said Samira, closing the envelope.

"Will she get better?" asked Hassan.

"Yes, but Eid won't be the same without her."

A ce moment Maman entra. "Souvenez-vous que vous jeûnez demain," dit-elle.
"Est-ce que ça fera mal?" demanda Hassan.
"Non, mais tu te sentiras fatigué. Aussi dors vite maintenant," a répondu Maman.

Just then, Mum walked in. "Remember you're fasting tomorrow," she said.
"Will it hurt?" asked Hassan.
"No, but you will feel tired. So go to sleep quickly now," answered Mum.

Le lendemain matin avant le lever du soleil Samira et Hassan
ont pris leur petit déjeuner.
"Mange! Ce sera long jusqu'au diner," Maman leur rappela.

The next morning before sunrise, Samira and Hassan had their breakfast.
"Eat up! It's a long time till dinner," Mum reminded them.

Mais à l'heure du déjeuner Hassan ne pouvait pas s'empêcher
de se plaindre, "J'ai tellement faim je veux un samosa."
"J'ai faim aussi, mais pense à tout ces gens qui jeûnent
comme nous," dit Samira.

But by lunch time, Hassan couldn't stop himself
complaining, "I'm sooo hungry. I want a samosa."
"I'm hungry too, but think of all the people who are
fasting just like us," said Samira.

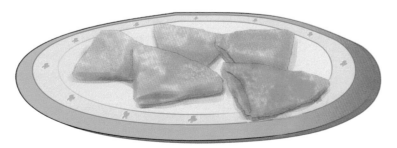

"Et pense à tout les gens qui n'ont qu'un seul repas par jour,"
dit Maman, en mettant son bras autour d'Hassan.
"Je n'aimerais pas ça," dit Hassan.
"Eh bien ils n'aiment pas non plus," dit Samira. "C'est
pourquoi nous donnons zakat."

"And think of all the people who can only have one meal a day," said Mum,
putting her arm around Hassan.
"I wouldn't like that," said Hassan.
"Well, they don't like it either," said Samira. "That's why we give zakat."

Enfin c'était l'heure du diner, et Maman avait preparé leur nourriture préférée.

"Papa, nous avons réussi! Nous avons jeûné comme vous," dit Samira.

"Je savais que vous pourriez le faire," dit Papa en souriant. "Comment vous sentez-vous?"

"Affamés," ont-ils gémi.

At last it was time for dinner and Mum had prepared their favourite food.

"Dad, we did it! We fasted just like you," said Samira.

"I knew you could do it," said Dad, smiling. "How do you feel?"

"Hungry," they groaned.

La nuit avant eid la radio a annoncé
l'arrivée de la nouvelle lune. Rapidement
Samira a couru a la chambre d'Hassan
pour lui annoncer la nouvelle.

The night before Eid, the radio announced
the sighting of the new moon. Quickly Samira
ran to Hassan's room to tell him the news.

"La nouvelle lune vient juste d'être aperçue," dit-elle.
"Où?" a demandé Hassan se précipitant à la fenêtre.
"Dans la Mecque bien sûr, pas ici!"

"The new moon has just been seen," she said.
"Where?" asked Hassan, dashing to the window.
"In Mecca of course, not here!"

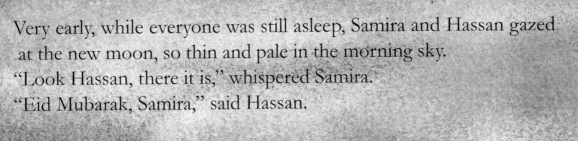

Very early, while everyone was still asleep, Samira and Hassan gazed
at the new moon, so thin and pale in the morning sky.
"Look Hassan, there it is," whispered Samira.
"Eid Mubarak, Samira," said Hassan.

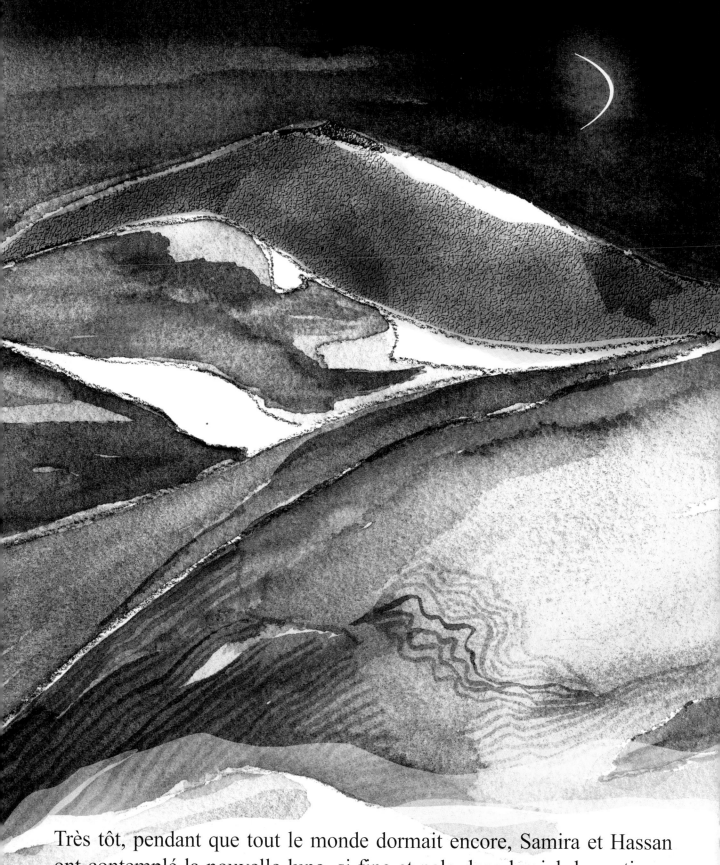

Très tôt, pendant que tout le monde dormait encore, Samira et Hassan
ont contemplé la nouvelle lune, si fine et pale dans le ciel du matin.
"Regarde Hassan, la voici," a murmuré Samira.
"Eid Mubarak, Samira," dit Hassan.

De retour dans sa chambre Samira a vu ses nouveaux vêtements étendus sur son lit. Doucement elle souleva le shalwar-kameez que sa Maman lui avait fait et le tena en l'air. C'était vraiment Eid, elle pensa.

Back in her room, Samira saw her new clothes lying on the bed. Gently she lifted the shalwar-kameez that her mum had made and held it up. It really is Eid, she thought.

Quand tout le monde fut prêt, la famille partit pour la mosquée.
"Eid Mubarak," ont-ils dit aux amis rencontrés en chemin.
A l'intérieur de la mosquée ils ont prié et écouté l'Imam.

When everyone was ready, the family left for the mosque.
"Eid Mubarak," they called out to their friends on the way.
Inside the mosque they prayed and listened to the Imam.

Dehors il y avait beaucoup de monde souriant
et se serrant dans les bras. Tout à coup Samira
a vu son institutrice. "Regarde Hassan, c'est
Mme Quadir qui vient vers nous."

Outside there were lots of people smiling and
hugging each other. Suddenly, Samira saw her teacher.
"Look Hassan, it's Mrs Qadir coming over here."

"Eid Mubarak Samira et Hassan," a dit Mme Quadir, plaçant un petit cadeau dans leurs mains.
"Merci," ont-ils dit. "Mais comment saviez-vous que serions là?"
"Les institutrices savent ces choses là," a répondu Mme Quadir en souriant.

"Eid Mubarak, Samira and Hassan," said Mrs Qadir, placing a small present in their hands.
"Thank you," they said. "But how did you know that we'd be here?"
"Teachers know these things," replied Mrs Qadir, smiling.

Quand ils sont arrivés chez eux ils ont trouvé une pile de cartes Eid qui attendait d'être ouverte. "En voici une de tante Yasmine, et celle-ci d'oncle Iqbal," a dit Samira. "Mais où est la carte de Nani?"

When they arrived home, they found a pile of Eid cards waiting to be opened. "Here's one from Aunty Yasmin, and this one's from Uncle Iqbal," said Samira. "But where *is* Nani's card?"

"Elle arrivera peut-être par le prochain courrier. Maintenant dépèche-toi
et aide-moi à mettre ces plats sur la table," a dit Maman.
"Regarde toute cette nourriture," a dit avec surprise Samira. "Quel festin!"

"Maybe it will come in the second post. Now hurry up and help me
get these dishes onto the table," said Mum.
"Look at all that food," gasped Samira. "What a feast!"

La sonnette de la porte d'entrée a sonné encore comme les oncles et les tantes, amis et voisins arrivaient. Il y a avait des embrassades et des rires et des cadeaux. Samira et Hassan n'en croyaient pas leurs yeux. "Venez tous vous asseoir. La nourriture est prête," a dit Papa.

The door bell rang, again and again, as aunts and uncles, friends and neighbours arrived. There was hugging and kissing, laughter and presents. Samira and Hassan could hardly believe their eyes.
"Come and sit down everyone. The food is ready," announced Dad.

"Samira viens t'asseoir ici," dit Papa.
"Mais cette chaise est vide," dit Samira en montrant du doigt
la chaise à côté de la sienne.
"Pas pour longtemps," a dit une voix familière.

"Samira, come and sit here," said Dad.
"But this chair's empty," said Samira, pointing to the chair next to her.
"Not for long," said a familiar voice.

"Eid Mubarak," a dit Nani en souriant. "Samira, je n'avais pas confiance dans cet hôpital pour te donner cette carte en temps voulu. Aussi que pouvais-je faire mais l'apporter moi-même."
Samira a ri. "Mais comment es-tu arrivée ici?"

"Eid Mubarak everyone," said Nani, smiling. "Samira, I just couldn't trust that hospital to get the card to you on time. So what could I do but bring it myself?"
Samira laughed. "But how did you get here?"

"C'est une longue histoire, mais tout d'abord un petit quelque chose pour toi et Hassan," a dit Nani.
Quand Samira et Hassan ont ouvert leur cadeau, ils ont trouvé un livre à l'intérieur. Mais ce n'était pas un livre ordinaire et les sourires sur leurs visages ont fait rire tout le monde.

"That is a long story, but first, a little something for you and Hassan," said Nani. When Samira and Hassan opened their present, they found a book inside. But this was no ordinary book, and the smiles on their faces made everybody laugh.

A la fin de la journée, Samira heureuse, s'est pelotonnée sur le sofa à
côté de Nani.
"Nani, raconte nous ton histoire maintenant," a demandé Hassan.
"Eh bien, c'était pendant Ramadan quand tout le monde jeûnait et que
les enfants étaient ..."

By the end of the day, a happy Samira had curled up on the sofa next to Nani.
"Nani, tell us your story now," asked Hassan.
"Well, it was during Ramadan, when everybody was fasting, that the children were.